CELEBREMOS LAS FIESTAS ESTADOUNIDENSES / CELEBRATING U.S. HOLIDAYS

¿Por qué celebramos EL DÍA DEL TRABAJO?

Why Do We Celebrate LABOR DAY?

Frank Felice

Traducido por / Translated by Ana María García

PowerKiDS press

New York

Published in 2019 by The Rosen Publishing Group, Inc.
29 East 21st Street, New York, NY 10010

First Edition

Translator: Ana María García
Editorial Director, Spanish: Nathalie Beullens-Maoui
Editor, Spanish: Rossana Zúñiga
Editor, English: Brianna Battista
Book Design: Reann Nye

Photo Credits: Cover Pacific Press/LightRocket/Getty Images; pp. 5, 21, 24 wavebreakmedia/Shutterstock.com; p. 6 Nestor Rizhniak/Shutterstock.com; p. 9 Courtesy of the Library of Congress; p. 10 Jetta Productions/Blend Images/Getty Images; p. 13 Dean Drobot/Shutterstock.com; pp. 14, 24 Ariel Skelley/DigitalVision/Getty Images; pp. 17, 23 Monkey Business Images/Shutterstock.com; pp. 18, 24 Kzenon/Shutterstock.com.

Cataloging-in-Publication Data

Names: Felice, Frank.
Title: Why Do We Celebrate Labor Day? = ¿Por qué celebramos el Día del Trabajo? / Frank Felice.
Description: New York : PowerKids Press, 2019. | Series: Celebrating U.S. Holidays = Celebremos las fiestas estadounidenses | Includes index.
Identifiers: LCCN ISBN 9781538335093 (library bound)
Subjects: LCSH: Labor day--United States--Juvenile literature.
Classification: LCC HD7791.F45 2019 | DDC 394.264--dc23

Manufactured in the United States of America

CPSIA Compliance Information: Batch #CS18PK: For Further Information contact Rosen Publishing, New York, New York at 1-800-237-9932

CONTENIDO

CONTENTS

El Día del Trabajo se celebra el primer lunes de septiembre.

Labor Day is the first Monday in September.

El Día del Trabajo celebra el duro trabajo que realizan los estadounidenses.

Labor Day celebrates the hard work of American people.

El Día del Trabajo también
reconoce la lucha por
los derechos de los trabajadores.

Labor Day also honors the fight
for workers' rights.

Los trabajadores estadounidenses solían estar en peligro en el trabajo. Hoy, tenemos reglas que los protegen.

American workers used to be in danger on the job. Today, we have rules to keep our workers safe.

La mayoría de la gente
no trabaja en el Día del Trabajo.

Most people don’t have to work
on Labor Day.

En algunas ciudades se hacen **desfiles**. El desfile por el Día del Trabajo más grande en el país tiene lugar en Pittsburgh.

Some cities have **parades**. The largest Labor Day parade in the country is in Pittsburgh.

El Día del Trabajo también marca el comienzo de la temporada de fútbol americano.

Labor Day is also the start of football season.

A mucha gente le gusta hacer **barbacoas** en el Día del Trabajo.

Many people like to have **cookouts** on Labor Day.

A otros les gusta ir a la **playa** en el Día del Trabajo.

Other people like to go to the **beach** on Labor Day.

Y tú, ¿cómo celebras
el Día del Trabajo?

How do you celebrate
Labor Day?

Palabras que debes aprender / Words to Know

(la) playa
beach

(la) barbacoa
cookout

(el) desfile
parade

Índice / Index

Sitios de Internet / Websites

Debido a que los enlaces de Internet cambian constantemente, PowerKids Press ha desarrollado una lista en línea de sitios de Internet relacionados con el tema de este libro que se actualiza regularmente. Utiliza este enlace para acceder a la lista: www.powerkidslinks.com/ushol/labor

Due to the changing nature of Internet links, PowerKids Press has developed an online list of websites related to the subject of this book. This site is updated regularly. Please use this link to access the list: www.powerkidslinks.com/ushol/labor